Tomi Ungerer

Jean de la Lune

l'école des loisirs
11, rue de Sèvres, Paris 6e

Traduit de l'anglais (États-Unis) par Adolphe Chagot
© 1969, l'école des loisirs, Paris, pour l'édition en langue française
© 1966, Diogenes Verlag AG, Zürich (Tous droits réservés)
Titre original: « Moon Man », Diogenes Verlag AG, Zürich (Suisse)
Loi numéro 49 956 du 16 juillet 1949 sur les publications
destinées à la jeunesse: juillet 1969
Dépôt légal: novembre 2012
Imprimé en France par Pollina à Luçon - L62961
ISBN 978-2-211-21344-8

**Avez-vous vu Jean de la Lune, là-haut dans le ciel ?
Pelotonné dans sa boule argentée, il vous fait signe amicalement.
Il attend que vous lui rendiez sa visite, une visite
que tout le monde ici a oubliée, et que je vais vous conter.**

Jean de la Lune s'ennuyait. Il était seul.
Nuit après nuit, il regardait de là-haut les gens
qui dansaient sur la Terre, au clair de Lune.

Et il pensait : « Ah ! si je pouvais une fois, rien qu'une fois, m'amuser un peu avec eux ! »

Mais voici que,
par une belle nuit,
une comète passa près de lui.
Jean de la Lune
ne manqua pas l'occasion :
il saisit la comète
par sa traîne de feu
et s'envola.

Il arriva sur la Terre comme une bombe, terrifiant bêtes et gens.

L'alerte fut donnée dans la ville voisine.
Et l'on vit accourir la police, les pompiers,
les journalistes et un régiment de blindés.

* Un marchand de glaces courageux – qui espérait
faire de bonnes affaires – les précédait.

**Personne ne reconnut la douce et pâle créature
qui gisait là enfouie dans la terre au fond d'un grand trou.**

L'émotion fut grande dans tout le pays.
Très inquiets, les Ministres questionnèrent les Savants.
Les Savants consultèrent le ciel.

**Jean de la Lune fut jeté en prison.
On lui mit un boulet au pied.
On créa, pour le juger, un tribunal spécial.
Et le soir, quand la Lune venait l'éclairer,
il repensait à elle et restait là, tout triste.**

Mais une nuit, il se sentit soudain plus léger ;
son côté gauche avait disparu.
« Oh ! Oh ! » pensa-t-il tout content,
« il me semble que je suis près
de mon dernier quartier. »
La Lune devenait de plus en plus mince.
Jean de la Lune aussi. Il devint même
si mince qu'un soir il réussit à se glisser
entre les barreaux de son cachot.

Pendant ce temps, Jean de la Lune goûtait la joie d'être libre.
Dans le calme des nuits, il passa parmi les fleurs
et les oiseaux des heures merveilleuses.
À la pleine Lune suivante, il était au plein de sa forme.

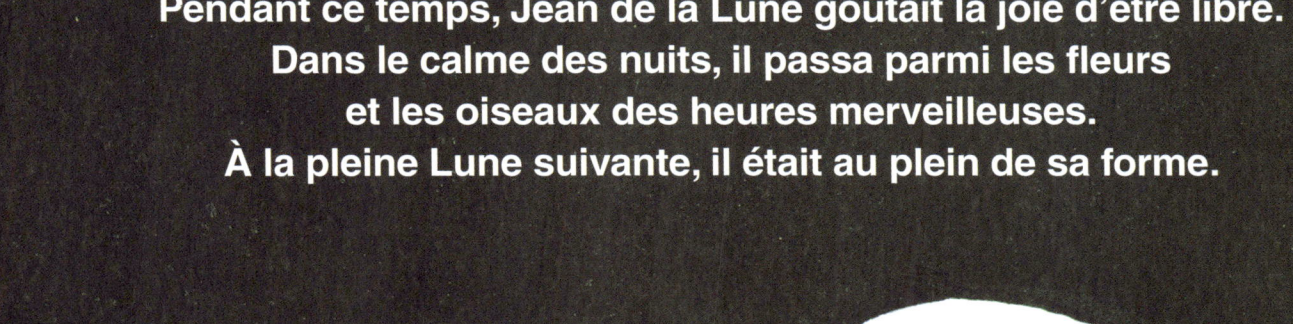

Un voisin grognon porta plainte à la police pour tapage nocturne.

À la vue des uniformes, Jean de la Lune prit peur, et s'enfuit dans la forêt où les policiers le poursuivirent.

Mais Jean de la Lune était plus rapide qu'eux.
Il filait comme le vent.
Au fond des bois, dans un endroit tranquille,
il découvrit un vieux château.

Ce château était habité par un vieux Savant oublié :
le Professeur Ekla des Ombres.
Il accueillit Jean de la Lune comme un ami.
Depuis des siècles, le Professeur travaillait
à un vaisseau spatial qui devait aller dans la Lune.

**Maintenant, la fusée était prête et reposait
dans la grande tour, sur sa rampe de lancement.
Mais le Professeur était trop âgé et trop gros
pour y prendre place. Il demanda à son visiteur
d'être le premier passager.**

**Jean de la Lune trouvait qu'il n'avait pas été,
en somme, bien reçu par les hommes de la Terre.
Il lui tardait de retrouver sa vie tranquille.
Il accepta donc, pour rentrer chez lui au plus vite.**

Le Professeur décida d'attendre
que la Lune soit entrée
dans son dernier quartier.
« Le Lunien pourra alors
se glisser dans la fusée »,
pensait-il.
C'est ainsi que,
quelques nuits plus tard,
Jean de la Lune
quitta son bienfaiteur.
Les yeux pleins de larmes,
ils se souhaitèrent
bonne chance.
Et la fusée emporta
le Lunien dans l'espace
à une vitesse vertigineuse.

Le Professeur Ekla des Ombres, devenu célèbre,
fut reçu par le Conseil des Ministres.
On le décora pour avoir lancé en direction de la Lune
la première fusée. Mais le Professeur
oublia de dire que sa fusée était habitée…
par quelqu'un qu'on avait si longtemps recherché.